Guía de supervivencia urbana para tiempos turbulentos

MICHAEL MORTON

Guía de Supervivencia Urbana

Michael Morton

Published by Michael Morton, 2023.

While every precaution has been taken in the preparation of this book, the publisher assumes no responsibility for errors or omissions, or for damages resulting from the use of the information contained herein.

GUÍA DE SUPERVIVENCIA URBANA

First edition. April 27, 2023.

Copyright © 2023 Michael Morton.

ISBN: 979-8227414441

Written by Michael Morton.

Also by Michael Morton

Personal Autonomy Now!
Situational Awareness

Standalone
How To Raise An Alpha Child
52 Weeks to a New You! A One-Year Plan To Improve and Change
Your Life
Medical Tyranny: How Covid-19 Has Been Used to Suppress Our
Freedoms
Guía de Supervivencia Urbana
Guide de Survie en Milieu Urbain en Période de Turbulences
El Auge de la Ola Roja: La expansión de los Gobiernos Socialistas en
Sudamérica

Tabla de Contenido

ÍNDICE

DEDICACIÓN

Me gustaría dedicar este libro a las muchas personas que han influido en mí y que han cambiado y formado mi forma de pensar. La primera persona que me viene a la mente es mi padre, el artillero jefe Richard Morton (retirado). Él habría titulado este libro simplemente "Presta atención a lo que pasa * a tu alrededor". Lo admito, tuve una breve lucha para no titular el libro exactamente así. A mis muchos amigos y colegas de las fuerzas del orden y del mundo de los contratistas privados: ya sabéis quiénes sois. Un agradecimiento especial al Sargento Mayor, Doug Pechtel; si tuviera que hacer de la "mentalidad táctica" una persona viva y que respira, ese sería Doug.

PRÓLOGO

Me parece asombroso que el ciudadano medio se desenvuelva en su vida cotidiana sin prestar atención a lo que ocurre a su alrededor.

Desde un pinchazo hasta un accidente de coche, pasando por el robo del teléfono en la mesa de la cafetería local, en general... la gente no es consciente de lo que le rodea. ¡Cambiemos eso AHORA!

CAPÍTULO 1: MENTALIDAD TÁCTICA

No hace falta pertenecer a las fuerzas especiales ni tener formación policial para ser consciente de lo que ocurre a nuestro alrededor. Pero sí es necesario aprenderlo y, lo que es más importante, practicarlo como estilo de vida.

Cambios sencillos y mínimos en su rutina diaria no sólo cambiarán su forma de ver el mundo, sino que también les mantendrán a usted y a sus seres queridos más seguros.

Depredador y Presa

Lo PRIMERO que debes asimilar por completo en tu propia existencia es que los humanos somos animales. Sí, conducimos coches, construimos naves espaciales y escribimos complejas sinfonías, pero en realidad somos animales. Si piensas lo contrario, ahora es un buen momento para guardar este libro.

Siempre ha habido depredadores y presas en el mundo animal. Claro, tenemos esta fina capa de civilización pintada sobre nosotros, pero el hecho de la cuestión es que cuando las luces se apagan, cuando no hay electricidad, cuando no hay gasolina disponible, cuando no hay agua, los depredadores salen a jugar. Y lo hacen a campo abierto.

No hay más que ver el huracán Katrina u otras emergencias similares para comprobarlo. Así que, a efectos de nuestro debate, utilizaré las categorías descritas por el teniente coronel David Grossman. Nos divide en ovejas, lobos y perros pastores. Las ovejas y los lobos se explican por sí mismos. Los perros pastores son los protectores, es decir, los militares y la policía. Los perros pastores son también la mamá, el papá o la tía que miran a los niños jugar en el parque en vez de ensimismarse.

Si TÚ tienes la mentalidad adecuada y la preparación inculcada en tu rutina diaria, pasarás de estar en el rebaño de ovejas a ser un perro pastor sin miedo, sin paranoia, pero preparado por derecho propio. ¿Cómo se detecta a un depredador?

A menudo, no. Si incorporas la mentalidad táctica a tu vida diaria, los evitarás, en la mayoría de los casos. Esto empezará con la Conciencia Situacional. Si no recuerdas esa terminología, ¡presta atención a lo que ocurre a tu alrededor!

Esperar que una situación empeore sin motivo

Tendría que decir que, ante todo, soy un observador de personas. Siempre me ha gustado observar las idas y venidas de la gente. Su lenguaje corporal, sus expresiones faciales, sus entonaciones de voz, etc. Esta curiosidad que tuve de joven y que desarrollé más tarde de adulto, como soldado y agente de policía, me ha salvado la vida, y la de otros, en innumerables ocasiones.

¿Cuántas veces, sobre todo últimamente, has visto en las noticias a un agente de policía muerto en un control de tráfico "rutinario"? O niños que volvían a casa del colegio por la acera y murieron por una bala perdida en un tiroteo entre bandas. ¿Alguna pobre alma sentada en un semáforo en rojo en un cruce (sin duda consultando el correo electrónico o chateando en su omnipresente teléfono móvil) a la que le han robado el coche? Eso ocurre TODOS los días.

Tal vez tú mismo o alguien que conoces ha sido víctima de esta violencia sin sentido. Permítanme que anteponga mi siguiente afirmación con la plena revelación de que SUCEDE MIERDA. Pero para ser justos, en la mayoría de los casos les ocurre a personas que van felizmente por la vida sin prestar atención a lo que ocurre a su alrededor y sin haber desarrollado una conciencia situacional. La cuestión es que, si eres adulto y conduces un coche, ya tienes conciencia de la situación. La has desarrollado a lo largo de los años y los kilómetros, cómo colocar tu vehículo mientras te mueves, cómo mirar si hay tráfico en sentido contrario al entrar en una autopista, cómo mirar si hay tráfico al salir marcha atrás de la entrada de casa. Todas son habilidades excelentes. Sólo tenemos que aprender a APLICARLAS de forma táctica a nuestra vida cotidiana. Es más fácil de lo que crees. Empezaremos con el bucle OODA.

Bucle OODA

El bucle OODA. Tiempo de reacción crítico y conciencia de la situación.

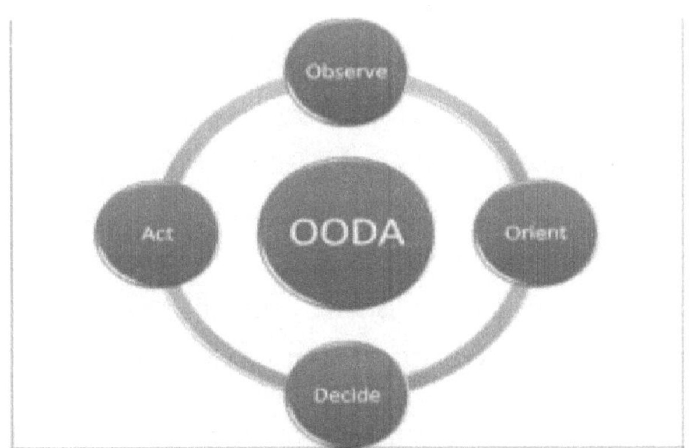

La expresión **bucle OODA** hace referencia al ciclo de decisión de *observar, orientar, decidir y actuar*, desarrollado por el [1]estratega militar[2] y coronel de la USAF [3]John Boyd.[4]

Boyd aplicó el concepto al proceso de las [5]operaciones[6] de [7]combate[8],[9] a menudo en el nivel estratégico[10] de las operaciones

1. https://en.wikipedia.org/wiki/John_Boyd_(military_strategist)

2. https://en.wikipedia.org/wiki/Military_strategy

3. https://en.wikipedia.org/wiki/United_States_Air_Force

4. https://en.wikipedia.org/wiki/John_Boyd_(military_strategist)

5. https://en.wikipedia.org/wiki/Combat_operations_process

militares. Ahora también se aplica a menudo para comprender las operaciones comerciales y los procesos de aprendizaje. El enfoque favorece la agilidad frente a la fuerza bruta a la hora de enfrentarse a adversarios humanos en cualquier empresa.

El escritor Robert Greene[11] escribió en un artículo titulado *OODA and You que:* "La mentalidad adecuada es dejarse llevar un poco, permitir que parte del caos se convierta en parte de su sistema mental y utilizarlo a su favor simplemente creando más caos y confusión para el oponente. Canaliza el inevitable caos del campo de batalla en la dirección

del enemigo".

El bucle OODA es la secuencia temporal del paradigma del conocimiento de la situación. Sin embargo, no tiene por qué aplicarse únicamente al combate. Se trata de prestar atención a lo que ocurre a tu alrededor.

Las dos primeras partes del bucle OODA, Observar y Orientar, son el núcleo del conocimiento de la situación. Para empezar, no puedes decidir ni actuar si no sabes qué demonios está pasando.

Algunos breves ejemplos del Bucle en la vida cotidiana. Tu hija de dieciséis años te ruega que le permitas quedarse a dormir en casa de su amiga. Conoces a la amiga y a sus padres. Buena gente, buena zona de la ciudad, etc. Todo lo que quieres para disipar cualquier duda que te pueda surgir a la hora de darle permiso.

Lo que ninguno de los dos sabía era... los padres se han ido de fin de semana y la casa está a punto de inundarse de juerguistas adolescentes. Su hija,

---

6.   https://en.wikipedia.org/wiki/Combat_operations_process

7.   https://en.wikipedia.org/wiki/Combat_operations_process

8.   https://en.wikipedia.org/wiki/Combat_operations_process

9.   https://en.wikipedia.org/wiki/Combat_operations_process

10.   https://en.wikipedia.org/wiki/Strategic

11.   https://en.wikipedia.org/wiki/Robert_Greene_(author)

la llamaremos Megan, llega entusiasmada ante la perspectiva de un poco de autonomía personal y de pasar tiempo con su amiga Emma. Cuando se entera de que los padres de Emma se han ido de fin de semana, se preocupa un poco. Pero como tiene dieciséis años y su amiga se lo asegura, decide que todo irá bien.

Megan OBSERVÓ que los padres debían estar allí, SE SINTIÓ extraña por ello, pero SE ORIENTÓ a las nuevas y fluidas circunstancias y DECIDIÓ quedarse el fin de semana de todos modos. ACTUÓ. Sin embargo, en el fluido mundo del Bucle, las circunstancias cambiaron rápidamente para Megan y así comenzó un nuevo Bucle. OBSERVÓ la llegada de cinco coches llenos de adolescentes alborotadores que llenaban rápidamente la pequeña casa de Emma.

Megan observó que no sólo había 20 adolescentes más en la fiesta, sino que también estaban intoxicados, trayendo copiosas cantidades de alcohol a la tranquila fiesta de pijamas. Cuando la alarma de su conciencia empezó a sonar con fuerza... se ORIENTÓ al nuevo y rápido conjunto de circunstancias que hasta entonces desconocía y DECIDIÓ llamar a su madre para que la trajera a casa. Hizo la llamada (ACTUÓ) y salió cómodamente de una situación potencialmente peligrosa.

¡El Bucle está en *todas partes*! "Se supone que va a haber tormenta, ¿deberíamos ir a la costa este fin de semana de todas formas?". "¿Crees que deberíamos revisar la rueda de repuesto antes de irnos de viaje?" "Me pregunto por qué ese guarro está merodeando por la entrada de la tienda con cara de nervioso". Empieza ahora prestando atención y el mundo nunca volverá a ser el mismo para ti.

CAPÍTULO 2: REFORZANDO SU CASA

¿Alguna vez se ha preguntado por qué los ladrones y los atracadores eligen una casa en lugar de otra? ¿Cuáles son los criterios de un blanco fácil? ¿Es la ubicación, es decir, aislada, pequeña? ¿Es el ocupante, es decir, discapacitado o anciano? ¿Es el dispositivo de seguridad de la casa? Averigüemos qué dicen los propios ladrones sobre este tema.

Kevin Raposo, colaborador de SimpliSafe Home Security, ha escrito un artículo sobre este tema. En él se describen los componentes esenciales para reforzar tu hogar, incluyendo las zonas más vulnerables, los errores más comunes y medidas de seguridad fáciles y baratas:

¿Alguna vez se ha preguntado qué se le pasa por la cabeza a un ladrón? Pues bien, SimpliSafe Home Security ha enviado a un equipo a la calle en busca de datos en bruto. Tuvimos la oportunidad de sentarnos con profesionales del robo y hacerles algunas preguntas realmente difíciles. No fue fácil responder a estas preguntas, ¡pero lo conseguimos! Hemos recopilado las respuestas más habituales y las hemos reunido para ofrecerte una mirada al interior de la mente de un ladrón.

Es hora de que conozcas a Bob, tu ladrón local.

Hola, me llamo Bob y soy el responsable local de

¡ladrón del barrio! En primer lugar, te voy a decir lo que busco antes de entrar en tu casa, y luego te voy a decir cómo puedo entrar en tu casa. Incluso te diré lo que hago y busco dentro de tu casa. Mucha gente me pregunta por qué hago lo que hago, y por qué no me han cogido todavía. ¿Sabes lo que les digo? Porque la gente no se da cuenta de lo fácil que me lo ponen. No debería hacer esto, ¡pero necesito un reto!

Esto es lo que busco para convertir tu casa en mi próximo objetivo: Antes de elegir una casa, tengo que examinar todo el vecindario. Para hacer esto no voy a estar caminando en el tradicional gato ladrón uniforme. Voy a pasearme con un rastrillo, disfrazado de reparador del cable, la electricidad o el teléfono. En algunos casos, incluso pongo un volante en tu puerta para que me veas de cerca.

Normalmente, mi horario de trabajo es de 8 a 11 de la mañana. Quiero evitar cualquier tipo de confrontación. Vallas altas de privacidad - De esta manera tus molestos vecinos no pueden espiarme o llamar a la policía. Cualquier tipo de vegetación alta, como árboles o arbustos, que cubra tus ventanas - así no podrán verme romper tu ventana. Juguetes o juegos infantiles en tu patio son señales de que allí viven niños, lo que para mí equivale a que allí vive una madre y "cha-ching" eso significa JOYAS. Pondré un volante en tu puerta para ver más de cerca tu casa. También voy a comprobar si usted tiene una alarma antirrobo.

Así es como entro en tu casa: Llamaré a tu puerta para ver si hay alguien en casa. Si alguien abre la puerta, me inventaré alguna historia falsa. Voy a comprobar si la puerta delantera o trasera está abierta.

A veces la gente suele esconder una llave en algún lugar de fácil acceso. Si no encuentro la llave, revisaré las ventanas. En el peor de los casos, romperé una ventana. También puedo entrar en una casa a través de sus puertas usando mi fiel palanca. Si no consigo entrar en tu casa en un minuto, paso a la siguiente.

Esto es lo que hago una vez que estoy dentro de tu casa: Siempre uso el mismo patrón de búsqueda. Voy directo al dormitorio principal. Busco dinero en efectivo, joyas o cualquier cosa que pueda ser valiosa. La gente suele cometer el error de dejar el dinero o las joyas en las zonas más comunes. Incluso miraré debajo de la cama y en sus armarios.

Siempre estoy escuchando ruidos externos. Es un sexto sentido. Reviso los botiquines de tu baño en busca de recetas de narcóticos. Las pastillas son dinero fácil. Voy a revisar su cocina y su salón en busca de aparatos electrónicos, tarjetas de crédito, llaves del coche e información personal. Después de haber reunido todo lo que necesito, llamo a mi conductor de apoyo para que se reúna conmigo y podamos cargar todos los bienes en el coche o furgoneta.

Una vez cargada toda la mercancía, mi socio y yo nos dirigimos al siguiente objetivo. Es un ciclo sin fin. Y eso es todo amigos. Normalmente tardo entre 8 y 12 minutos en entrar y salir de su casa. Así de fácil.

Para terminar, hay muchas cosas que puedes hacer para evitar a alguien como yo. Un sistema de seguridad es una obviedad. Si no es posible, dejar la televisión o el equipo de música encendidos durante el día suele ayudar a alguien como yo a evitar tu casa. Esto suele indicar que hay alguien en casa. Además, la mayoría de los ladrones ni siquiera intentan entrar si saben que hay un perro grande en la casa.

Ahora ya conoces mis métodos y secretos. Espero que esto te ayude a evitar a los malos como yo. Si no, estaré al acecho. Así que, una vez más, soy Bob, tu ladrón local, ¡y vendré a una ciudad cerca de ti! (Kevin Raposo, 2012)

Sus puertas y ventanas necesitan una atención especial

Sólo hay dos formas de que un ladrón entre en tu casa: por la puerta o por la ventana. No van a hacer nada exótico como atravesar una pared o descender en rappel por una claraboya. Los ladrones prefieren entrar en una casa como se entra por una puerta. Los profesionales pueden forzar rápidamente una cerradura estándar, pero la mayoría de los ladrones intentan entrar por la fuerza. Por eso son esenciales las cerraduras de palanca bien instaladas.

El truco de la tarjeta de crédito para abrir la puerta lo has visto en las películas. Si hay un pequeño hueco en el marco de la puerta y no hay cerrojo, funciona de verdad. Consulte a un cerrajero de calidad y pídale que le instale (o sustituya) un cerrojo de seguridad con un tiro de 1 pulgada y un pestillo cementado. Es posible que el cerrajero intente venderle un cilindro de alta seguridad. Por supuesto, éstos serán más caros que un cilindro estándar. Hay 3 ventajas principales: resistencia al ganzuado (la menos importante), resistencia al taladro (medianamente importante) y control de llaves (muy importante). El control de llaves significa que las llaves especiales no se pueden duplicar en una máquina común de fabricación de llaves de ferretería. Los cerrajeros honrados no duplicarán las llaves a menos que se les muestre una identificación o autorización adecuada. Algunas llaves no pueden duplicarse en absoluto y deben pedirse especialmente a la fábrica. Es una molestia, pero merece la pena si de vez en cuando hay que dejar una llave a una asistenta o a un empleado del servicio.

No importa cuánto dinero se gaste en la cerradura si está mal instalada. Usted *debe* tener un cerradero reforzado con cuatro tornillos de 3 pulgadas en el marco real de la casa (no sólo la moldura de la puerta) como mínimo. Si tiene cristales laterales decorativos en el marco de la puerta, considere la posibilidad de colocar una barra plana de acero de 1/4 de pulgada de grosor incrustada en la jamba de la puerta, atornillada a los marcos estructurales superior e inferior.

Esto costará varios cientos de dólares, pero es la única manera de asegurar correctamente una puerta con un marco delgado junto al cristal.

Si tiene paneles laterales decorativos o un panel de cristal en la propia puerta, considere la posibilidad de sustituir el cristal por cristal de seguridad inastillable o Lexan. Cualquier cristalero competente puede hacerlo por usted. Alternativamente, puede atornillar un trozo de Lexan cortado en el interior de la puerta, apoyando el cristal original. Esta puede ser la mejor opción si consigues que quede estético. Si tiene una puerta para perros, tenga en cuenta que puede estar comprometiendo la seguridad de su casa. Aunque es probable que un ladrón adulto no pueda entrar por ella, sí se puede sobornar a un niño para que gatee y desbloquee la puerta. Asegúrate de cerrar con llave la puerta para mascotas cuando no estés en casa. Seguro que sabes que las puertas correderas de cristal son las favoritas de los ladrones. Mucha gente utiliza el "truco del palo de escoba" (un palo de escoba cortado y encajado en el riel inferior). Es mejor que nada, pero el "truco de la percha" puede levantarla. En su lugar, considere la posibilidad de instalar una cerradura Fortress.

Proporcionan una seguridad excelente.

Después de las puertas, los siguientes puntos más vulnerables son las ventanas de la planta baja. Las ventanas de la parte trasera suelen ser las más atacadas. Las mosquiteras no ofrecen ninguna protección antirrobo, ya que se cortan con facilidad. Sin embargo, las contraventanas "de toda la vida" ofrecen una protección significativa porque hacen mucho ruido cuando se rompen. Cuando el cerrajero esté en su casa actualizando las cerraduras y los herrajes de las puertas, pídale que instale también cerraduras adecuadas para las ventanas. Muchos no se lo sugerirán a menos que se lo pida. (Urbach 2002-2010)

CAPÍTULO 3
CONOCIMIENTO DEL VEHÍCULO.

PMCS su vehículo antes de cualquier viaje largo.

El acrónimo PMCS "Preventative Maintenance Checks and Services" (revisiones y servicios de mantenimiento preventivo) es el procedimiento operativo estándar del Ejército y el Cuerpo de Marines de EE.UU.. En pocas palabras, asegúrese de que está listo para rodar.

El "repaso"

Me refiero al PMCS como un repaso. Es muy sencillo. Camino alrededor del coche para ver si los neumáticos están inflados. Miro debajo del coche para ver cualquier evidencia de fugas de líquidos o el olor del combustible. Compruebo el aceite y la rueda de repuesto del maletero. El aceite y la rueda de repuesto se pueden hacer semanalmente, las otras cosas cada vez. Se hace en un minuto.

Después de haber ido a cualquier parte y haber aparcado el coche en un aparcamiento, en la calle, etc., repásalo de nuevo y comprueba si hay indicios de entrada, como cristales rotos o cerraduras de puertas o maletero forzadas.

Oh yeh, mientras que usted está en él, compruebe en el asiento trasero para ver si usted tiene un visitante indeseado que espera que usted vuelva a su coche... Si nada más... usted evitará muchos de los neumáticos planos potenciales que usted tiene que ocuparse de durante hora punta.

Bolsa de emergencia.

Tienes una rueda de repuesto, ¿verdad? ¿Un gato? ¿Por qué no una bolsa de emergencia? Se encuentran fácilmente y son muy baratas en sitios como Amazon, eBay, etc. Deberían incluir, como mínimo, un botiquín de primeros auxilios, comida (tentempiés), agua, una linterna, un poncho para la lluvia, una batería de repuesto para el móvil, etc. También puedes coger esa vieja mochila que tienes por ahí y llenarla tú mismo.

Robos de coches.

En cuanto al huésped no invitado que puede estar al acecho en la parte trasera de su coche, he incluido estos consejos de la National Insurance Crime Bureau.

Cada año se roban de los vehículos 1.255 millones de dólares en objetos personales y accesorios en unos 1,85 millones de robos; y por cada robo, los expertos calculan que se producen varios allanamientos e intentos de robo. Con estos hábitos de sentido común y medidas preventivas, puede reducir en gran medida las posibilidades de que su vehículo se convierta en un objetivo.

Cierra las puertas.

Aunque este consejo debería ser obvio, hasta una cuarta parte de los robos de vehículos se producen en coches abiertos, según algunas fuerzas de seguridad. Aunque vayas corriendo a la tienda a por una Coca-Cola, es demasiado tiempo para dejar el contenido de tu vehículo a la vista de todos. Basta con cerrar las puertas para disuadir a quienes estén esperando un blanco fácil.

Mantén el orden.

Casi cualquier objeto personal sin valor que sea visible desde el exterior -incluso una bolsa de la compra vacía- podría ser visto como un objeto de valor o un portador de objetos de valor. Si tiene un coche o un todoterreno que deja tu zona de carga a la vista, considera la posibilidad de conseguir una cubierta. La mayoría de estos vehículos pueden equiparse con cubiertas retráctiles baratas para ayudar a mantener las bolsas de la compra u otras pertenencias fuera de la vista.

Ocultar todas las pruebas.

No dejes ningún cebo a la vista de los ladrones; guarda tus aparatos electrónicos y accesorios fuera de la vista o, mejor aún, llévalos contigo. Las pruebas por sí solas podrían bastar para despertar el interés de los ladrones, así que esconde también todo eso, incluidos enchufes, adaptadores delatores para iPod o soportes de ventosa para el sistema de navegación en el parabrisas, e incluso vuelve a colocar el encendedor en su sitio.

Acostúmbrese a meter las bolsas de la compra en el maletero justo cuando vuelva al vehículo, en lugar de hacerlo después de aparcar en el siguiente lugar. Según el portavoz de la National Insurance Crime Bureau[1] (NICB), Frank Scafidi, los ladrones a veces merodean por aparcamientos concurridos en busca de objetos de valor que trasladan fuera de su vista. No les muestres lo que tienes.

---

1.   http://www.nicb.org/

Cierre completamente ventanas y techos solares.

No, no es sólo porque los ladrones puedan meter a mano por el hueco y abrir las cerraduras con una percha. Las ventanillas abiertas desactivan el sensor de presión de algunas alarmas de coche, lo que hace que el vehículo sea más vulnerable a los robos y puede dar más tiempo a los ladrones antes de que suene la alarma.

Consigue una alarma.

Si no tienes un sistema de alarma, hazte con uno. Sólo el ruido puede bastar para ahuyentar a un ladrón inexperto y evitar el robo. Los sistemas de alarma opcionales de fábrica suelen ser los mejores, pero un sistema posventa bien instalado y calibrado puede proporcionar la misma seguridad. Cuidado, muchos coches nuevos menos caros tienen acceso a distancia, pero no una verdadera alarma.

Quédate con el sistema de audio original.

Los robos de componentes de audio de coches[2] están disminuyendo, pero tener un sistema posventa sigue haciendo que un coche sea más atractivo para los ladrones que piensan entrar a robar. No existe un mercado negro de equipos de sonido de fábrica, y en los últimos años han mejorado mucho su sonido.

Aparcar para tener visibilidad.

Aparque en una zona concurrida y bien iluminada, y evite la ocultación de vehículos más grandes, vallas o follaje. Salvo en el caso de los ladrones más descarados, cuanto mayores sean las posibilidades de que alguien vea un delito en curso, menores serán las probabilidades de que el ladrón potencial lo intente.

Ponte en forma.

Una parte significativa de los vehículos se asaltan con la intención de robar el propio vehículo, por lo que combinar varios elementos físicos disuasorios visibles, sencillos y baratos, como los bloqueos del volante (The Club), los collarines de la columna de dirección o los bloqueos del pedal de freno puede disuadir al posible ladrón de entrar e intentarlo.

---

2. http://www.cnn.com/topics/Cars_and_Car_Design

Superponga sus defensas.

Ésa es la estrategia recomendada por el NICB; las capas incluyen dispositivos de advertencia como alarmas, grabados en las ruedas o calcomanías; inmovilizadores e incluso sistemas de seguimiento (LoJack es uno de ellos). "Ninguno de ellos es infalible, pero si se usan en tándem, pueden reducir mucho las posibilidades", coincide Loretta Worters, vicepresidenta del Insurance Information Institute.

Fuentes: National Insurance Crime Bureau, Insurance Information Institute, Progressive y AAA.

CAPÍTULO 4:
RUTAS VARIADAS
Y RUTINAS

Los depredadores buscan la complacencia y la rutina. Para combatirlos, hay que estar alerta y variar las rutas y rutinas de desplazamiento. La mayoría de la gente tiene sus rutas habituales y normales a rutinas diarias o semanales como el trabajo, la escuela, la tienda, etc.

Rutas: Primaria, Secundaria y Urgencias

De vez en cuando, debido a las condiciones meteorológicas, las obras en la carretera, el tráfico, etc., tienes una ruta alternativa o de contingencia. Yo recomendaría añadir también una ruta de emergencia. ¿Se ha caído un árbol sobre la casa durante la gran tormenta y quieres ir a casa de la abuela pero las dos primeras rutas están atascadas o cerradas por las autoridades? Ten preparada una ruta de emergencia. Ten en cuenta que las rutas de emergencia o contingencia no son necesariamente las más rápidas para llegar a tu destino. No olvides tampoco que, en casos de emergencia extrema, las rutas acuáticas también pueden ser una opción viable.

Quieres variar las rutas prácticamente por una sola razón: porque los PREDADORES te están observando como su próxima presa potencial. Le vigilan. Puedes ser vigilado para que un posible ladrón sepa cuándo no estás en casa, o por un ladrón de coches que sabe que estás atrapado en el tráfico a las 5 de la tarde todos los días en un determinado túnel volviendo del trabajo. Puede mitigar esto cambiando las rutinas y PRESTANDO atención. Estos son algunos consejos para la **vigilancia y el robo de coches**:

Consejos para la vigilancia

El objetivo de la vigilancia es identificar un objetivo potencial basándose en las precauciones de seguridad que toma esa persona, así como en el momento, el lugar y el método de ataque más adecuados. La vigilancia puede durar días o semanas. Naturalmente, la vigilancia

de una persona que tiene rutinas establecidas y que toma pocas precauciones le llevará menos tiempo.

Detectar la vigilancia requiere un estado de alerta constante y, por lo tanto, debe convertirse en un hábito. Un buen sentido de lo que es normal y lo que es inusual en su entorno podría ser más importante que cualquier otro tipo de precaución de seguridad que pueda tomar. Sobre todo, no dude en informar de cualquier acontecimiento inusual.

Existen tres formas de vigilancia: a pie, en vehículo y estacionaria. Las personas que tienen rutinas bien establecidas permiten a los vigilantes utilizar métodos mucho más difíciles de detectar.

Si, por ejemplo, usted sale de la oficina a la misma hora todos los días y se desplaza por la ruta más directa a su domicilio, o si vive en una zona remota con pocas o ninguna ruta alternativa para llegar a su casa, los vigilantes no tienen necesidad de seguirle hasta su residencia.

Deberías:

> Varíe sus rutas y horarios de viaje.
> Familiarícese con su ruta y disponga de rutas alternativas.
> Compruebe periódicamente la vigilancia.

La vigilancia fija es la más utilizada por las organizaciones terroristas y las empresas delictivas organizadas. La mayoría de los atentados tienen lugar cerca de la residencia de la víctima porque esa parte de la ruta es menos fácil de variar. Por lo general, las personas son más vulnerables por la mañana, cuando salen hacia el trabajo, porque estas horas son más predecibles que las llegadas por la noche.

Muchos equipos de vigilancia utilizan furgonetas con ventanas en los laterales o en la parte trasera que permiten la observación desde el interior de la furgoneta. A menudo, la furgoneta llevará el nombre de una empresa comercial o de servicios públicos para proporcionar algún pretexto para estar en la zona.

Cuando no es posible vigilar la residencia sin ser observados, los vigilantes deben inventar una razón plausible para estar en la zona. A menudo se recurre a mujeres y niños para dar una apariencia de inocencia. Intente vigilar la calle delante de su casa desde una ventana antes de salir cada día.

Si sospecha que le están siguiendo, diríjase a la comisaría de policía, parque de bomberos u otro lugar seguro más cercano. Anote los números de matrícula, el color y la marca del vehículo, y cualquier información impresa en sus laterales que pueda ser útil para localizar el vehículo o a sus ocupantes.

No espere a verificar la vigilancia antes de denunciarla.

Esté alerta ante personas disfrazadas de equipos de servicios públicos, trabajadores de la carretera, vendedores, etc., que puedan apostarse cerca de su casa u oficina.

Siempre que sea posible, deje el coche en un aparcamiento vigilado. Esté especialmente alerta en los aparcamientos subterráneos.

Revise siempre su vehículo por dentro antes de entrar en él. Si observa algo inusual, no entre en el vehículo.

Se debe recordar al personal del hogar y a los miembros de la familia que estén atentos a actividades sospechosas en torno a su residencia; por ejemplo, intentos de vigilancia para acceder a su residencia por medios fraudulentos, y llamadas telefónicas u otras consultas en las que se solicite información personal.

Diga a su personal doméstico y a los miembros de su familia que tomen nota de las descripciones y matrículas de los vehículos sospechosos. Aconséjeles que estén atentos a los detalles. El personal doméstico puede ser uno de los mecanismos de defensa más eficaces de su hogar: utilícelo a su favor.

Aunque no hay garantías de que estas precauciones, aunque se sigan con diligencia, vayan a protegerle de la violencia terrorista, pueden reducir su vulnerabilidad y, por tanto, sus posibilidades de convertirse en víctima.

Consejos para robar coches

Cuando esté en su coche, mantenga siempre las puertas cerradas. Siempre que conduzca por zonas con semáforos, señales de stop o cualquier otra cosa que reduzca significativamente la velocidad del vehículo, mantenga las ventanillas subidas.

Mantén los ojos bien abiertos para detectar a las personas que se acercan a tu vehículo por los lados y por detrás.

Deje un amplio espacio de maniobra entre su vehículo y el de delante. Si se le acercan personas sospechosas mientras está parado, no baje las ventanillas; aléjese rápidamente.

Si otro conductor te sigue o te acosa, intenta encontrar la comisaría de policía, el hotel u otro establecimiento público más cercano. Una vez que encuentres un lugar seguro, no te preocupes por utilizar una plaza de aparcamiento legal. Aparca lo más cerca que puedas y entra rápido.

Si otro conductor intenta obligarte a parar o cortarte el paso, sigue conduciendo e intenta alejarte. Intenta anotar la matrícula del coche y una descripción del mismo y del conductor. Si este esfuerzo te pone en peligro, no lo hagas. La información no es tan importante como tu seguridad.

Si te están siguiendo, nunca conduzcas a la persona de vuelta a tu casa o te detengas y salgas. Conduzca hasta la comisaría de policía o el centro público más cercano. Denuncie siempre estos incidentes a la policía.

Si viajas solo y un coche te "choca", no te detengas para intercambiar información sobre el accidente. Ve a la estación de servicio u otro lugar público más cercano para llamar a la policía. ¡Nunca, nunca recojas a autoestopistas!

Cuando aparques, busca un sitio que ofrezca buena iluminación y esté cerca de un lugar con mucha gente. Guarda los objetos de valor en el maletero y cierra todas las puertas.

Es necesario extremar las precauciones al ir de compras. Si sacas los paquetes para guardarlos en el maletero y luego piensas volver a las tiendas para hacer más compras, puede ser buena idea mover el coche a otra sección del aparcamiento o de la calle. El delincuente sabe que va a volver y puede esperar para tenderle una emboscada. Al mover tu coche, das la impresión de que te vas. Si crees que te están siguiendo, no vuelvas a tu coche. Vuelva a la seguridad de la zona comercial ocupada o del edificio de oficinas y póngase en contacto con las autoridades.

Si tienes problemas con el coche en la carretera, levanta el capó. Si tienes antena de radio, coloca allí un pañuelo u otra bandera. Cuando la gente se pare a ayudar, no salgas del coche a menos que los conozcas o sea la policía. Pide al "buen samaritano" que se detenga en la estación de servicio más cercana e informe de tu problema.

Si estás en un aparcamiento o aparcado en la calle y tienes problemas, desconfía de la ayuda personal de desconocidos. Acércate al teléfono más cercano y llama a un servicio técnico o a un amigo para que te ayuden. Si te sientes amenazado por la presencia de extraños cerca, enciérrate en el coche y toca el claxon para llamar la atención de los demás.

Utilizando estos consejos básicos de seguridad y su propio sentido común, puede ayudar a protegerse.

CAPÍTULO 5:
SEGURIDAD ELECTRÓNICA

La seguridad electrónica es un aspecto especialmente crucial de la mentalidad táctica en el mundo actual. No me refiero tanto al robo de identidad, de información, etc. como a los principios básicos del conocimiento de la situación: OBSERVAR y ORIENTAR. Tienes CERO conciencia de la situación si estás MIRANDO CONSTANTEMENTE TU TELÉFONO CELULAR.

¿Mirando el móvil en un semáforo en rojo? Acabas de convertirte en una estadística de robos de coches. ¿Hacerte un selfie en el parque? Acabas de convertirte en víctima de una violación. ¿Mandar mensajes mientras conduces? Te acabas de convertir en una víctima mortal. Deja el maldito teléfono. Y punto.

En el siguiente artículo se describen algunos de estos peligros. Ten en cuenta que el localizador GPS de tu teléfono está ahí con fines benévolos. Para que la policía o el personal de rescate puedan hacer un "ping" de tu ubicación y venir a buscarte. Desgraciadamente, los servicios o artículos pueden utilizarse por motivos nefastos, como se expone en el siguiente segmento.

Localización GPS en tu IPhone

Cómo los depredadores rastrean la ubicación de los teléfonos móviles a través de las redes sociales

El número de adolescentes en las redes sociales -y el número de plataformas de redes sociales disponibles para los adolescentes- aumenta cada año, hasta el punto de que se ha convertido en una parte habitual de la experiencia adolescente. Por mucho que esperemos que nuestros hijos no corran peligro por el mero hecho de participar en esta actividad tan habitual, lo cierto es que los depredadores online ESTÁN ahí fuera y suponen una amenaza para su hijo adolescente. El uso aparentemente normal y cotidiano que su hijo hace de las redes sociales puede dar a estos depredadores más información sobre él de la que usted cree.

Aunque parezca mentira, los depredadores pueden rastrear la ubicación de un teléfono móvil -y predecir los futuros movimientos de su propietario- fijándose en el patrón de actividad que los adolescentes publican en las redes sociales.

Así es como funciona.

Las redes sociales pueden crear un "rastro de smartphone"

Una característica común que aparece en muchas plataformas de redes sociales, especialmente Facebook e Instagram, es **el etiquetado de ubicación**. Por ejemplo, si un adolescente se hace un selfie en un restaurante y lo sube al instante a través de su smartphone, puede optar por añadir la "etiqueta" a la imagen con datos GPS para que aparezca en un mapa de su actividad, o para que sus amigos sepan dónde ha estado.

Muchos comercios ofrecen incentivos a los adolescentes para que se registren en sus establecimientos y contribuyan así a la concienciación.

De este modo, todo aquel que tenga acceso al perfil de tu hijo sabrá *exactamente* dónde (y a menudo cuándo) ha estado. Sin embargo, los adolescentes no necesitan añadir

para indicar a los demás dónde se encuentran. **Los acosadores más hábiles pueden identificar ubicaciones a partir de tan poca**

información como un simple número de edificio en el fondo de la imagen.

Dicen que una imagen vale más que mil palabras, y con las técnicas adecuadas, es muy posible leer las fotografías de esta manera... y mientras que una sola fotografía puede ser de uso limitado, una serie de publicaciones se puede utilizar para crear una línea de tiempo de las actividades del adolescente y construir una mejor imagen de quién es.

Esto es especialmente cierto en los lugares en los que un depredador *sabrá* dónde estará un adolescente, como su colegio, el lugar de alguna actividad extraescolar habitual, sus lugares de reunión favoritos o incluso la dirección de su casa.

Los adolescentes llevan sus teléfonos móviles a todas partes, y como dejan un rastro de publicaciones en tiempo real en las redes sociales, con el tiempo los depredadores pueden saber dónde es más probable que esté un adolescente en un momento dado.

Ahora bien, la mayoría de los depredadores no serán tan dedicados, pero mentiríamos si dijéramos que ninguno de ellos podría hacerlo. Esto es mucho más fácil por el hecho de que, como señala el Estado de California, la mayoría de las víctimas conocen a su [1]depredador.[2] Es mucho más fácil rastrear la ubicación de alguien cuando ya se tiene información sobre él, y muchos adolescentes comparten parte de su información más importante antes de darse cuenta de lo peligroso que esto puede ser.

Los tipos más comunes de información que los adolescentes publican en Internet incluyen:

Su verdadero nombre
Su fecha de nacimiento

---

1. http://meganslaw.ca.gov/facts.htm

2. http://meganslaw.ca.gov/facts.htm

(la fecha completa o sólo el año)
Su ciudad
Su sexo
Su estado civil

Los adolescentes que cuentan al mundo que acaban de romper con su pareja y que están deprimidos se convierten en un blanco fácil para los depredadores, especialmente para los que vigilan a los adolescentes en busca de signos de debilidad.

Lo que queremos transmitir hoy es que **compartir información en las redes sociales puede ser más peligroso de lo que se piensa.** Un depredador dedicado se parece mucho a un detective o a un interrogador: los tres son expertos en reunir retazos de información para crear una imagen sorprendentemente precisa de quién es alguien y qué ha hecho.

Con una media del 20% de todos los niños víctimas de algún [3]tipo de presa[4],[5] es mejor ser demasiado precavido que no serlo lo suficiente. Los depredadores son amenazas tanto reales como activas, y aunque no todos ellos utilizarán las redes sociales para encontrar a sus víctimas, son lo suficientemente comunes como para que valga la pena entender cómo funcionan y qué puedes hacer para detenerlos. TeenSmart (2015)

---

3. http://www.nsopw.gov/en/Education/FactsStatistics

4. http://www.nsopw.gov/en/Education/FactsStatistics

5. http://www.nsopw.gov/en/Education/FactsStatistics

Los Peligros de Pokémon Go.

Pokémon[TM] Go[6] salió hace unos años y arrasó en todo el mundo. Tanto los adultos que rememoran la nostalgia de los años de la infancia como los niños han caído en las garras de Pokémon[TM][7] Go[8].[9] El juego que hace que la gente salga al mundo a caminar, visitar nuevos lugares y aprender cosas nuevas sobre sus comunidades. Lamentablemente, la realidad y los peligros del juego han tardado muy poco en hacerse patentes. Tanto es así que la policía ya ha emitido advertencias de seguridad.

Sí, explorar el mundo exterior en lugar de sentarse frente al televisor es estupendo para tu hijo, pero puede distraerle y llevarle a tomar decisiones no tan buenas. Los padres deben establecer normas básicas para proteger a sus hijos mientras juegan a Pokémon[TM] Go. Las normas y los límites mantendrán a todos seguros y felices mientras juegan. Descargar y explorar la aplicación por ti mismo antes de dársela a tu hijo es una buena forma de familiarizarte con los controles y el concepto del juego.

Pon límites a dónde pueden ir tus hijos. Pokémon[TM] Go utiliza los mapas de Google para construir el mapa del juego. Ni Nintendo ni Google tienen ni idea de los peligros que acechan en tu barrio. Tú, en cambio, vives allí y sabes qué zonas

---

6. http://www.pokemongo.com/en-us/

7. http://www.pokemongo.com/en-us/

8. http://www.pokemongo.com/en-us/

9. http://www.pokemongo.com/en-us/

su hijo no debe entrar. Siéntese con su hijo y deje claros los límites.

Asegúrese de que su hijo comprende que no debe entrar en lugares en busca de Pokémon u objetos para el juego. NO es necesario entrar en edificios para conseguir objetos de las PokeParadas. No es necesario entrar en un edificio para visitar un gimnasio. El punto clave es que NUNCA necesitas entrar en ningún edificio para jugar a Pokémon™ Go. A menos que tu hijo esté con uno de sus padres u otro adulto de confianza, debe permanecer fuera.

Preste atención a la carretera. Al caminar, montar en bicicleta o, por desgracia para algunos, incluso al conducir, la gente aparta la vista de la carretera. Tienes que mantener la vista en la carretera o en la acera. No puedes confiar en que los demás te estarán mirando y ese Pokémon™ tan preciado no vale tu seguridad o incluso tu vida. Debes mantener la aplicación encendida y activa y evitar que tu teléfono se duerma, pero no es necesario que mantengas los ojos en él. Tu dispositivo te avisará cuando estés cerca de un Pokémon™. Si estás en edad de conducir, simplemente no conduzcas e intenta jugar. Guarda

el modo de juego para cuando puedas estar más atento y prestar atención a lo que ocurre. Hay una advertencia nada más cargar la aplicación, así que se necesita un poco de sentido común.

Recuerda el peligro de los extraños. Como padres, se lo inculcamos a nuestros hijos. Tristemente, este es un nuevo juego, y es

también, una herramienta potencial para los depredadores. Si su hijo apunta con el teléfono a un lugar extraño, quedará bastante claro lo que está haciendo, y alguien podría iniciar fácilmente una conversación sobre Pokémon™ Go y utilizarla para que su hijo baje la guardia. Recuérdale con regularidad que no hable con extraños.

Si el concepto le preocupa demasiado como para permitir que su hijo se aventure solo a jugar, ¡conviértalo en una actividad familiar! Es una nueva versión del geocaching, algo que muchas familias disfrutan haciendo. Utilice la aplicación para explorar museos, parques, senderos naturales, etc. en familia y túrnense.

atrapar a los Pokémon™. (Mandi Welbaum 2016)

CAPÍTULO 6:
ENFOQUES, CONTRA

VIGILANCIA Y MOVIMIENTO URBANO

En este capítulo, volvemos una vez más al conocimiento de la situación.

Enfoques

Cuando sales del coche para ir a la tienda, al colegio o a la cafetería, ¿te acercas a la entrada sin tener en cuenta cómo entras o te acercas? Probablemente. O peor aún, ¿estás hablando por el móvil? ¿Con la última aplicación o dando tumbos por el aparcamiento delante de los coches mientras ves el último vídeo de Tik Tok? Si es así, te has perdido el hecho de que el dependiente de la tienda estaba siendo atracado a punta de pistola en el mostrador. O que el mendigo frente a la cafetería era excesivamente agresivo y físico con los clientes que iban y venían. ¿Te fijaste en los carteles de bandas pintados en el poste de la luz declarando a todo el que PRESTA ATENCIÓN que la escuela secundaria de tu hijo

¿es ahora territorio de la MS-13? Probablemente no. Esto debe cambiar.

Cuando te acerques a un edificio, CUALQUIER edificio, incluida, sobre todo, tu propia casa, busca cosas fuera de lo común. Hmm, no recuerdo haber dejado la puerta principal entreabierta. Bueno, no lo hiciste. Sólo quieres correr a la tienda local y tomar una taza de café antes del trabajo. No hay problema, pero... ¿por qué está ese tipo nervioso parado en la entrada sin ninguna razón? ¿Por qué hay un individuo de aspecto similar sentado en un coche aparcado cerca con el motor en marcha? Te daré una pista, no están allí por el café...

Cuando se acerque a una entrada, no camine en línea recta. Acérquese desde ángulos de 45 grados. De este modo, podrá ver probablemente al menos la mitad de la tienda antes de entrar. No se quede en portales, huecos de escaleras, ascensores u otros espacios reducidos. Si son ovejas solitarias... los lobos no tardarán en llegar. Tómese un breve momento antes de entrar o salir para OBSERVAR cualquier cosa inusual que esté ocurriendo. Puede que evites que te atropelle en el aparcamiento el tonto que mira el móvil mientras conduce.

Contravigilancia

Vas caminando por la ciudad, de camino a una cita. Tras aumentar tu conciencia de la situación, observas que alguien te ha estado siguiendo durante las dos últimas manzanas. Te sientes incómodo parándote en medio de la acera y mirándole directamente, así que empleas una técnica de contravigilancia. Te detienes en medio de la acera, sacas tu fiel teléfono inteligente y hablas en voz alta por él mientras giras en círculo y miras lentamente los edificios circundantes como si quisieras encontrar una dirección. Al hacerlo, puedes observar a la persona o personas que te han estado siguiendo.

Otro método consiste en detenerse a mitad de la calle, mirar a la izquierda y a la derecha como se hace normalmente antes de cruzar la calle. Con esta sencilla técnica podrá captar a la persona que le sigue. También existen otros métodos, como captar los reflejos en las grandes cristaleras de los edificios comerciales. Mi opinión es que esto no es tan sutil ni eficaz como los dos métodos de contravigilancia mencionados. Una vez que haya determinado que realmente le están siguiendo, tiene que hacer una de estas tres cosas o cualquier combinación de ellas: entrar en un edificio público con otras personas, armarse, llamar a las autoridades. Rara vez le seguirán hasta un edificio público. Aproveche cualquier oportunidad en su contravigilancia para obtener una descripción completa y detallada de quién le está siguiendo. Esto nos lleva al movimiento en un entorno urbano.

Movimiento urbano

Así que, a pesar del sentido común y del aumento de la delincuencia en la zona, hoy ha decidido ir a un restaurante con un buen amigo. Al estar en una ciudad, es incapaz de encontrar una plaza de aparcamiento cerca de su destino.

Tú y tu amigo decidís utilizar una técnica de desplazamiento urbano para llegar sanos y salvos a vuestro destino. Sencillamente, en lugar de caminar uno al lado del otro charlando alegremente sin tener en cuenta lo que hay que ocurre a tu alrededor, caminas por la acera de un lado de la calle y tu amigo camina por el otro lado de la calle justo enfrente de ti. De este modo, no sólo puedes mirar hacia delante, sino también hacia el otro lado de la calle, por delante y por detrás de tu amigo. Otro método del movimiento de dos personas es que ambos caminen por el mismo lado de la calle en la acera pero escalonados. Tú puedes estar a la izquierda delante y él a la derecha detrás o viceversa.

Supongamos que hoy has decidido ir a comer con dos amigos. Ahora tienes la oportunidad de emplear formaciones de tres personas para tu movimiento táctico urbano. Sencillamente, lo único que hacemos es añadir otra posición a una formación ya existente. Dos personas escalonadas en un lado de la calle, la tercera persona al otro lado de la calle en la parte superior de la acera. Esto se llama el delta escalonado.

La formación delta estándar sería la de las tres personas en la acera avanzando como un triángulo. Habrá una persona en cabeza y dos detrás. ¿Tienes una persona de más que ha decidido autoinvitarse a la fiesta? No hay problema. Ella será la seguridad trasera en tu formación de movimiento urbano y estará equidistante y en línea recta hacia atrás de sus dos amigos, formando así la formación de diamante.

Otra versión de la formación en diamante sería dos escalonados a cada lado de la calle. Como puedes ver, con un poco de creatividad puedes convertir algo tan mundano como ir andando al restaurante en un ejercicio de conciencia situacional y movimiento urbano.

CAPÍTULO 7: ENTRADA, SALIDA Y ARMAS DE IMPROVISACIÓN

Entrada y salida, cómo entrar y salir. Lo primero que hago después de acercarme deliberadamente a un edificio, a cualquier edificio, incluso si voy allí a diario, es evaluar la entrada, la salida y cualquier arma improvisada que pueda utilizarse en caso de emergencia. INCLUSO si ya estoy armado, que siendo un individuo de alta velocidad/baja resistencia, sin duda lo estoy... Vale, así que necesitas conocer los entresijos de un edificio para cosas tan mundanas como un incendio, una pelea o disturbio que estalle, y lamentablemente hoy en día, un tirador activo. En los edificios comerciales, se trata, por supuesto, de la puerta principal, la puerta trasera y cualquier ventana por la que quepa. En los edificios de varias plantas se aplican las escaleras y las salidas de emergencia.

Evaluación de la amenaza a edificios y salas

¿Acaso entraste por casualidad en una reunión anarquista mientras te presentabas a tu ¿una nueva clase de yoga? Eso sería una amenaza fácil de evaluar por cualquiera. Ahora puedes usar esa nueva habilidad para salir de allí y largarte rápidamente. Te encuentras en una habitación o edificio con unos individuos grandes y de aspecto aterrador. Deja que tu alarma de miedo interior se haga cargo y coge la mesa junto a la puerta o simplemente sal de allí. No intentes anular el sentido común y la intuición con el pensamiento cerebral de que los tipos que dan miedo son "probablemente muy majos". No lo son, sal mientras puedas.

¿Qué es un arma de improvisación?

Bueno, te has metido en un lío y ahora estás en un aprieto... ¿Qué demonios es un arma improvisada? Cualquier cosa. Cualquier cosa. ¿Usar una mesa volcada como barricada? Sí. ¿Qué tal el tenedor grande de ensalada? Pues sí. ¿La lámpara, el atizador de la chimenea, el café caliente, el plato o la silla en la que estás sentado? Por supuesto. ¿Usar al gran agente inmobiliario que charla con un posible cliente en la mesa de al lado como escudo humano para que tú y tu hija de 7 años podáis escapar?

Lo siento amigo, debería haber estado prestando atención. La respuesta, absolutamente. Entonces, ¿qué demonios? ¿Se ha convertido el mundo en un lugar peligroso con peligros potenciales acechando en todas partes? No.

no lo hizo. Siempre ha sido así. Es sólo que ahora... estás prestando atención. Igual que cuando

tiene ese nuevo Prius rojo manzana de caramelo. No tenías ni idea de que había tantos como él. Solo recuerda, solo eres paranoico hasta que la mierda golpea el ventilador, entonces estás preparado.

Disturbios civiles

Las protestas son una característica habitual de la sociedad democrática, pero en ocasiones pueden pasar de manifestaciones no violentas a disturbios civiles. Incluso las protestas más pacíficas pueden dar lugar a detenciones, violencia, agresiones policiales y daños materiales.

Si echamos la vista atrás dos décadas, vemos que los casos de disturbios civiles en Estados Unidos se han clasificado aproximadamente en cuatro categorías:

1. Injusticia económica y social
2. Disturbios relacionados con deportes y eventos
3. Disturbios civiles por motivos políticos
4. Reacción a las actuaciones policiales

Veamos un ejemplo destacado en cada una de estas categorías, para contextualizar mejor.

Ejemplos de disturbios civiles, por categoría

1. Justicia económica y social

Uno de los ejemplos más destacados en esta categoría es el movimiento Occupy Wall Street. Las protestas comenzaron en septiembre de 2011 en el centro de Manhattan y pronto se extendieron por ciudades de todo el mundo.

En 2016, la protesta contra el oleoducto Dakota Access acaparó la atención de todo el mundo cuando los manifestantes se enfrentaron a soldados y policías armados con material antidisturbios y militar. Al año siguiente, cuando se disolvieron los campamentos, cientos de personas habían sido detenidas.

2. Disturbios relacionados con deportes y eventos

Entre 2000 y 2010, la mayoría de los incidentes representados en el mapa están relacionados con deportes y eventos. Esto incluye grandes acontecimientos deportivos, como la victoria de los Lakers de Los Ángeles en el campeonato de 2000, pero también los disturbios de la Universidad de Maryland en 2004, donde las alborotadas celebraciones tras el partido desembocaron en incendios provocados y daños materiales.

Un ejemplo más reciente es la primera victoria de los Philadelphia Eagles en la Super Bowl de 2018, en la que las celebraciones acabaron yéndose de las manos.

3. Disturbios civiles por motivos políticos

La división política lleva años creciendo en Estados Unidos, pero esas diferencias se tradujeron con mayor frecuencia en enfrentamientos y disturbios civiles en 2016. Tras la elección de Donald Trump, por ejemplo, estallaron protestas en muchas ciudades, con disturbios en Portland (Oregón) y Oakland (California).

Por supuesto, el "enfrentamiento de Bundy" -un enfrentamiento armado entre partidarios del ganadero Cliven Bundy y las fuerzas del orden por un millón de dólares de tasas de pastoreo retenidas- demostró que no todos los disturbios civiles tienen lugar en las ciudades de Estados Unidos.

4. Reacción a las acciones policiales

Algunos de los mayores focos de tensión de los últimos años se han producido en respuesta a personas muertas a manos de la policía. En años anteriores, los disturbios subsiguientes solían limitarse a las ciudades donde se producían las muertes, pero ahora las protestas se extienden cada vez más a ciudades de todo el país.

CAPÍTULO 8: DEFENSA PERSONAL Y ARMAS

La defensa personal y las armas son mi especialidad. Tengo más de 42 años de experiencia práctica en ese campo. Quiero evitar desde el principio las teorías ridículas, los argumentos de mariscal de campo y las opiniones pomposas que surgen inevitablemente siempre que se habla de defensa personal o armas. Yo lo llamo la discusión Honda vs. Harley. No son las técnicas, es la ***mentalidad, la intención y el concepto*** lo que triunfa. ¿Kárate contra MMA?

Olvídalo. ¿9mm vs 40 cal? Olvídelo. A la hora de la verdad, es la **mentalidad y las malas intenciones** gobernadas por la **Santísima Trinidad del Combate.** Que es:

Velocidad Sorpresa

Abrumadora violencia de acción

Triángulo de la Mentalidad Táctica

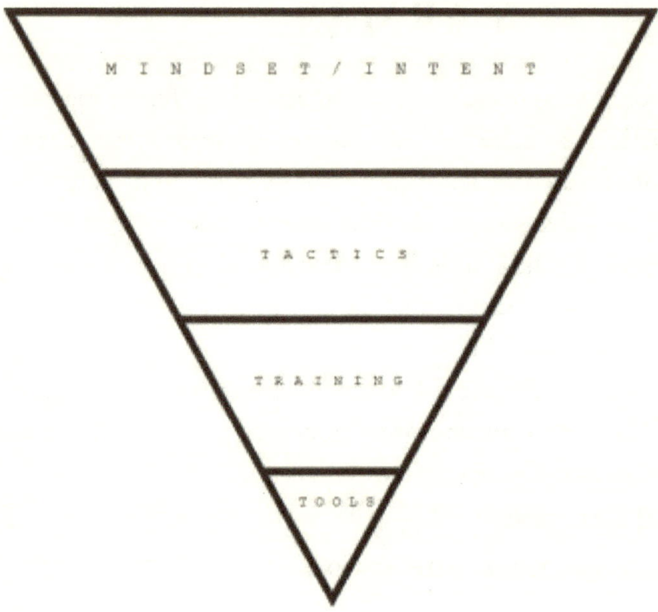

Junto con el **Bucle OODA**, el **Triángulo de la** Mentalidad Táctica es mi dispositivo favorito de enseñanza y concepto de la Mentalidad Táctica. Es un triángulo invertido. En la parte superior está MINDSET.

La mentalidad alimentada por la intención ganará el día cuando y si la confrontación fea llega. Si no tienes la fortaleza mental para sobrevivir y ganar un encuentro, si no tienes la intención y la capacidad de aceptar que debes herir gravemente o incluso matar...

otro ser humano... entonces la "autodefensa" no te servirá de nada. La autoprotección usando lo que yo llamo contra-violencia es un juego de suma cero. O te alejas, o no lo haces.

El siguiente nivel del triángulo que desciende en importancia es la TÁCTICA. La táctica es un concepto y no necesariamente una técnica. "En caso de incendio, salga de forma ordenada". Es un concepto. Salga por donde pueda, manténgase alerta y sobreviva al incendio. A la táctica le sigue la FORMACIÓN.

El entrenamiento es la práctica dirigida de un objetivo deseado. Practicar el conocimiento de la situación. Practicar rutas variadas. Practica tu habilidad en el cuerpo a cuerpo y con armas de fuego. ¿Las armas de fuego te asustan o no te atraen? No se preocupe. Los malos tendrán muchas... El último nivel y el MENOS importante en el triángulo de la mentalidad táctica es HERRAMIENTAS.

Herramientas es, por desgracia, lo que pretenden la mayoría de los "expertos" en defensa personal. ¿Llaves de coche entre los dedos? ¿Aerosol de pimienta? ¿Silbato de alerta? ¿Pistola eléctrica, pistola de mano? Todas son sólo HERRAMIENTAS, y cuando más las necesites, te fallarán... siento ser el portador de la verdad, pero así son las cosas. Recibirás un puñetazo en la mandíbula mientras tienes las llaves entre los dedos. Tendrás la boca demasiado seca

para hacer sonar el silbato de violación. La pistola aturdidora se quedará sin pilas y se atascará. El Sr. Murphy acaba de aguarte la fiesta. Así que ahora debes ir con lo que tienes. Afortunadamente para ti, es tu arma más potente. Esa sería tu MENTE endurecida hasta el filo de la navaja, alimentada por la INTENCIÓN y ejecutada con COMPROMISO TOTAL. ¿Lo ves? ¡Esto era más fácil de lo que pensabas!

Hace poco tuve una discusión con mi mujer sobre si debería entrenarse conmigo en defensa personal básica. Ella me dijo: "Cariño, he visto cómo enseñas y, francamente, no podría sacarle un ojo del cráneo a alguien, ¡me parece aborrecible!". Pero, ¿y si te van a matar? pregunté. "Entonces supongo que estaré muerto". ¿Y si intentan hacer daño a Hannah? Pregunté a nuestra hija de siete años. Todo su semblante cambió y respondió: "¡Los MATARÍA, JODER!". ¿Pero cómo? repliqué. "¡De cualquier manera y con todo lo que pueda!".

Eso!. Mentalidad, Intención, Armas improvisadas. Todo en una discusión de cinco minutos.

Sugerencias y recomendaciones de autodefensa

He disfrutado mucho escribiendo este libro. Mis sugerencias para la defensa personal son, en mi caso, muy personales. Provienen de mi experiencia como policía de calle durante 20 años, entrenador de policía y 42 años en

artes marciales de combate. Mi primera sugerencia sería intentar encontrar a alguien que tenga experiencia práctica, es decir, que haya participado en peleas callejeras reales. Los policías y los porteros de discoteca son siempre los tipos a los que acudir. Dicho esto, mis recomendaciones personales para la defensa personal en la calle serían en este orden:

1. Combativas urbanas de Lee Morrison

1. Una buena escuela de Krav Maga

1. Escuela filipina de artes marciales con un enfoque combativo. En particular, un sistema basado en el cuchillo.

Scott Babb de Libre Knife Fighting es mi recomendación

1. Una escuela de Vale Tudo que enseña sin gi.

Como sin duda habrás notado, he dejado fuera las escuelas de MMA. Lo mismo ocurre con los gimnasios de boxeo y kickboxing. Los luchadores se vendan las manos por una razón. Llevan guantes por una razón. Cuando golpeas una mandíbula o un cráneo con la mano desnuda, incluso si has sido entrenado para ello, existe una ALTA probabilidad de lesionarte o romperte la mano. Con una mano rota no puedes agarrar. Esto te quita una parte sustancial de tu arsenal de defensa personal. Así es como yo lo veo. En orden de aplicabilidad de menor a mayor, es asi:

Sé que muchos puristas y gente de las MMA se ofenderán por estas recomendaciones. Son sólo sugerencias mías. Además, ¿la UFC tiene como 19 faltas que no puedes cometer en un combate? Esas faltas serían todas las "cosas buenas" que absolutamente quieres aprender. Tienes que separar la teoría de la realidad. O como diría Tim Larkin de TFT, la "cruda realidad".

Recuerdo que una vez, hace años, mientras visitaba a mi buen amigo Bodden Sween en Nueva York, tuve la gran suerte de visitar a su instructor de toda la vida, Charlie Nelson. Charlie estuvo en el Cuerpo de Marines en China cuando era joven. Su sistema era la culminación de numerosos encuentros callejeros de la vida real combinados con su entrenamiento militar.

Por aquel entonces, yo estaba muy involucrado en las artes marciales filipinas y me explayaba sobre los rangos. Hablé con Charlie, que entonces tenía más de setenta años, sobre el alcance de las patadas, los puñetazos y los agarres. Ligeramente molesto, me respondió: "Hijo, en una pelea de verdad sólo hay dos rangos: cerca y jodidamente cerca". Dios le quiera, se le echa mucho de menos. Buena suerte y estad atentos a futuros libros.

REFERENCIAS

1. Grossman, David. *On Combat: The Psychology and Physiology of Deadly Conflict in War and in Peace* (2004) (<u>ISBN 0-9649205-1-4</u>)
2. Greene, Robert. *OODA y usted*

1. Raposo, Kevin (2012) *Un ladrón revela 15 secretos comerciales - Una mirada a la mente de un ladrón*
2. Urbach, Victor (2012) *Lo que los ladrones no quieren que sepas*
3. Oficina Nacional de Seguros contra la Delincuencia (2009)

1. Oficina de Seguridad Diplomática (2002) Carjacking - Don'*t Be A Victim*
2. TeenSmart (2015) *Cómo los depredadores rastrean la ubicación del móvil a través de las redes sociales*
3. Welbaum, Mandi (2016) *Cómo mantener a salvo a los niños mientras juegan a Pokemon Go.*
4. Larkin, Tim (2016) Anotado en varias formaciones de TFT.

SOBRE EL AUTOR

MIKE MORTON - Maestro Instructor

Mike es un antiguo médico de infantería y SWAT y se ha jubilado recientemente como Agente de la Ley, en activo desde 1994. Ha obtenido la certificación de policía superior en Oregón, Washington y Colorado. Posee un máster por la Universidad de Arizona en Tucson.

Mike tiene 35 años de experiencia con armas de fuego y más de 40 años de experiencia en entrenamiento de Artes Marciales/Combativas. Como policía de calle, tiene una gran experiencia práctica.

Actualmente es consultor de seguridad y análisis de riesgos y contratista privado de formación policial tanto en Estados Unidos como en otros países. Ha asistido y completado con éxito cursos de formación en armas y tácticas especiales militares y policiales, tácticas defensivas avanzadas, así como numerosas formaciones especiales antidroga y antiterroristas.

"La violencia rara vez es la respuesta, pero cuando lo es, es la ÚNICA respuesta". - Tim Larkin

Don't miss out!

Visit the website below and you can sign up to receive emails whenever Michael Morton publishes a new book. There's no charge and no obligation.

https://books2read.com/r/B-A-VGEX-ECLIC

BOOKS 2 READ

Connecting independent readers to independent writers.

Did you love *Guía de Supervivencia Urbana*? Then you should read *Medical Tyranny: How Covid-19 Has Been Used to Suppress Our Freedoms*[1] by Michael Morton!

[2]

The Covid-19 pandemic has changed the world in many ways. Governments around the world have implemented various measures to control the spread of the virus, including lockdowns, mandatory mask mandates, and restrictions on gatherings. While these measures may have been implemented with good intentions, they have also raised concerns about medical tyranny and the suppression of our freedoms.

This book explores the many ways in which COVID-19 has been used as a tool to control and monitor the population, erode civil liberties and constitutional rights, and push for mandatory vaccinations and vaccine passports. It also highlights the voices of doctors, scientists, and

---

1. https://books2read.com/u/bwyxoy

2. https://books2read.com/u/bwyxoy

citizens who are speaking out against medical tyranny and advocating for a paradigm shift in public health policies and approaches.

Also by Michael Morton

Personal Autonomy Now!
Situational Awareness

Standalone
How To Raise An Alpha Child
52 Weeks to a New You! A One-Year Plan To Improve and Change Your Life
Medical Tyranny: How Covid-19 Has Been Used to Suppress Our Freedoms
Guía de Supervivencia Urbana
Guide de Survie en Milieu Urbain en Période de Turbulences
El Auge de la Ola Roja: La expansión de los Gobiernos Socialistas en Sudamérica